中国地质调查成果 CGS 2022-055
项目名称　黄河流域等重点地区水文地质与水资源调查监测（DD20221754）
课题名称　典型水化学环境异常区健康地质调查（DD2022175403）

河北省阜平县旅游资源地学研学手册

HEBEI SHENG FUPING XIAN
LÜYOU ZIYUAN DIXUE YANXUE SHOUCE

宋　绵　王新峰　龚磊　马学军　吴平　等著

图书在版编目（CIP）数据

河北省阜平县旅游资源地学研学手册/宋绵等著. —武汉：中国地质大学出版社，2023.5
ISBN 978-7-5625-5558-2

Ⅰ.①河… Ⅱ.①宋… Ⅲ.①教育旅游-旅游资源-阜平县-手册 Ⅳ.①F592.722.4-62

中国国家版本馆 CIP 数据核字（2023）第 059540 号

河北省阜平县旅游资源地学研学手册	宋绵　王新峰　龚磊 马学军　吴平　等著
责任编辑：沈婷婷　　　选题策划：沈婷婷　唐然坤	责任校对：周旭

出版发行：中国地质大学出版社（武汉市洪山区鲁磨路 388 号）	邮编：430074
电　　话：(027)67883511　　传真：(027)67883580	E-mail:cbb@cug.edu.cn
经　　销：全国新华书店	http://cugp.cug.edu.cn
开本：787 毫米×960 毫米　1/16	字数：140 千字　　印张：7.25
版次：2023 年 5 月第 1 版	印次：2023 年 5 月第 1 次印刷
印刷：武汉精一佳印刷有限公司	
ISBN 978-7-5625-5558-2	定价：56.00 元

如有印装质量问题请与印刷厂联系调换

《河北省阜平县旅游资源地学研学手册》编委会

总策划：王新峰　宋　绵

编　委：宋　绵　王新峰　龚　磊　马学军

　　　　吴　平　吕　琳　魏建朋　刘元晴

　　　　孟顺祥

前言
PREFACE

阜平县,被誉为"冀晋咽喉""畿西屏障",自然风光秀丽,地杰人灵物博,历史文化悠久,得天独厚的资源优势让其旅游产业蓬勃发展。据2021年统计,阜平全县旅游接待人数达152万人次,旅游综合收入达12.16亿元,综合资源禀赋来看,阜平县旅游开发仍有巨大空间。当前,随着生态文明建设不断深入,新的旅游地学产品不断推出,旅游新业态不断涌现,地方经济社会发展与生态保护得到了深度融合。

阜平县地质景观资源丰富,种类多,具有形象"七美"和容颜"五色"的特征。本次开展阜平县全域旅游资源评价规划,以阜平县自然资源为基础,打造短时间、小空间、多频次、日常化、生活化、身心协调、注重旅游体验品质的新旅游模式,形成与自然密切接触的净化心灵的山地旅游文化,着力形成"一带五线"全域旅游圈,满足不同旅游者亲身体验、康体养生、文化学习、个性探险等旅游需求。

笔者从地学角度出发,在注重传统优势旅游产品的基础上,开发新的旅游产品,彰显特色,提高科学文化品位,推动阜平县域旅游业持续、多元、协调、健康发展。特别是针对地质旅游资源,充分展示其个性化特质,发掘其科学内涵,既体现自然景观科学价值的基本属性,又能统筹山水资源寓教于游,服务社会,满足现代旅游者"游中学"的时尚追求。这既是旅游业长足发展的需要,也是地质工作者积极拓展地学服务领域,推动地方经济与科普教育协调发展的新方向。

本书分为旅游地质资源禀赋及开发现状,总体规划,地学景观路线产品设计和天生桥国家地质公园新科普四章,展示了阜平县数亿年的地质变迁。地质景观、人文景观相互交织,使阜平县成为一个天然的教育课堂。地质犹如一枚探针,可以深究地球遥远的历程,探索地壳运动机制,了解矿产资源,诠释生命起源与演化,洞悉人类文化蒙昧的前夜。

作为一本地学旅游手册,本书针对非地学专业背景的人群进行设计,系统解析地球科学、生物资源以及人文历史等景观,并推出新的旅游路线,让读者用科学的方法认知地质现象,接触自然,走进阜平,认识阜平!

在编写过程中笔者力求通俗易懂,但因水平有限,书中不妥之处在所难免,敬请读者批评指正。对本书的批评与建议,请发至以下电子邮箱:songmian@mail.cgs.gov.cn。

目录 CONTENT

1 旅游地质资源禀赋及开发现状 ………………………… 1
   区位优越　交通便捷 ……………………………………… 2
   历史悠久　水绿山青 ……………………………………… 3
   资源丰富　地大物博 ……………………………………… 6
   特色鲜明　风采多样 ……………………………………… 10
   开发现状　潜力巨大 ……………………………………… 20

2 总体规划 ………………………………………………… 22
   总体定位 …………………………………………………… 24
   发展路径 …………………………………………………… 24
   总体布局 …………………………………………………… 25

3 地学景观路线产品设计 ………………………………… 28
   阜西生态旅游综合开发带 ………………………………… 30
   一线：喀斯特奇观北岳探源 ……………………………… 48
   二线：变质山中云花溪谷 ………………………………… 53
   三线：奇特风化乐享山湖 ………………………………… 56
   四线：馒头山泉康养休闲 ………………………………… 59

五线：崎岖盘山七十二拐 …………………………………… 66
　　地质研学旅游精品路线 ……………………………………… 68
4 天生桥国家地质公园新科普 ………………………………… 70
　　天生桥的三觉三奇 …………………………………………… 73
　　天生桥的奥秘 ………………………………………………… 76
　　天生桥景点解析 ……………………………………………… 77

后　记 …………………………………………………………… 104
致　谢 …………………………………………………………… 105

1 旅游地质资源禀赋及开发现状

阜平县文化广电和旅游局、阜平县摄影家协会供图

阜平县交通便捷,具有有利的区位优势。作为京津冀生态屏障和重要的水源涵养地,阜平县生态环境优美,水绿山青,历史悠久。县域内地质景观、人文景观等资源丰富,是一个天然的自然博物馆。阜平县地质景观具有形象"七美"和容颜"五色"的典型特征,"七美"为雄、奇、险、秀、幽、旷、野,"五色"为山色、石色、天色、水色、植物色,每处地质景观各有姿色,相互交融。

本章从区位优越 交通便捷、历史悠久 水绿山青、资源丰富 地大物博、特色鲜明 风采多样、开发现状 潜力巨大五个方面带读者走进阜平县,让读者了解阜平县旅游地质资源开发的现状。

区位优越　交通便捷

阜平县坐落于河北省保定市西部、太行山东麓,寓"兴盛平安"之意,素有"畿西屏障""冀晋咽喉"之称,总面积2496km²。

阜平县北距首都北京275km,南距河北省会石家庄110km,西距佛教圣地五台山78km,东距古城保定140km、新设立的雄安新区160km。现有保阜高速、西阜高速、沧榆高速等交通廊道,条件便利。

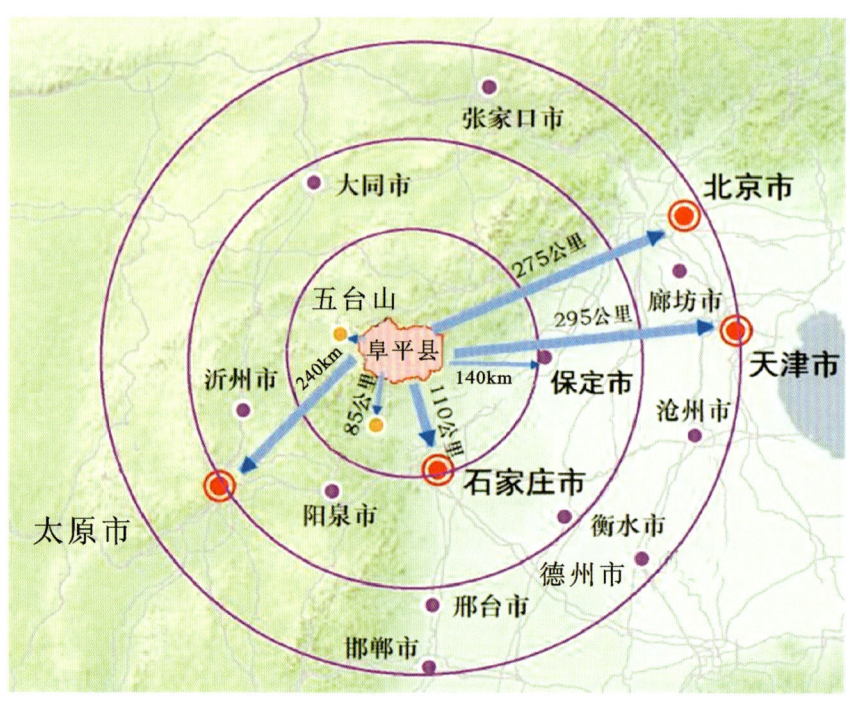

阜平县区位图

太行第一坨——玫瑰坨（阜平县文化广电和旅游局、阜平县摄影家协会供图）

历史悠久　水绿山青

阜平，聚神崖圣脉之鸿，开北岳恒山之蒙，远山叠嶂，水绿山青，山水资源丰富。

阜平县地质历史最早可追溯到28亿年前的太古宙，几十亿年的漫长地

1　旅游地质资源禀赋及开发现状

质作用孕育了当今峰峦起伏、地势险峻、山如剑立、水如龙行的独特山水地质景观。阜平县多山，天生桥、千峰山、仙人山、银河山、神仙山、玫瑰坨……一山一景，山山相依；阜平县多水，九曲飞瀑、苍山湖、马刨泉、大沙河、胭脂河、王快水库……一水一色，水水相连。

青山绿水佳姿色，朝霞暮云别洞天。大自然的鬼斧神工造就了阜平县诸如瀑布、峡谷、溶洞、河流等类型丰富的自然资源，形成了独特的山水风光。森林覆盖率达35.09%，植被覆盖率达80.8%，空气质量达到国家一级标准，被誉为深山里的"香格里拉"。当地丰富的民族文化旅游资源和历史文化旅游资源，与之形成了"红、古、绿"交相辉映的旅游资源体系，具备打造特色旅游业的天然优势。

湿地牧歌（拍摄人：宋绵）

天生桥下倾泻的瀑布（拍摄人：龚磊）

资源丰富　地大物博

根据旅游资源的基本属性，以地质新视角，将阜平县现有的43处旅游资源划分为地文景观、水域风光、生物景观、天象与气候景观四大类。其中天象与气候景观多与地文景观伴生，山丘型景观亚类分布最多，有7处，占比达16.28%。

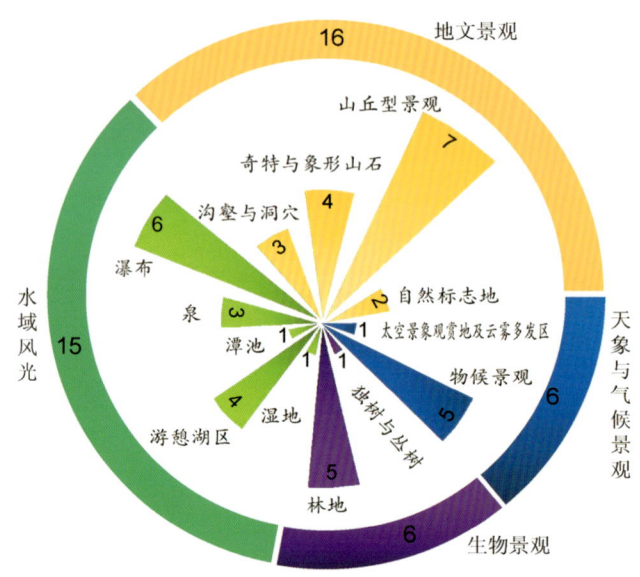

阜平县地质景观分类图

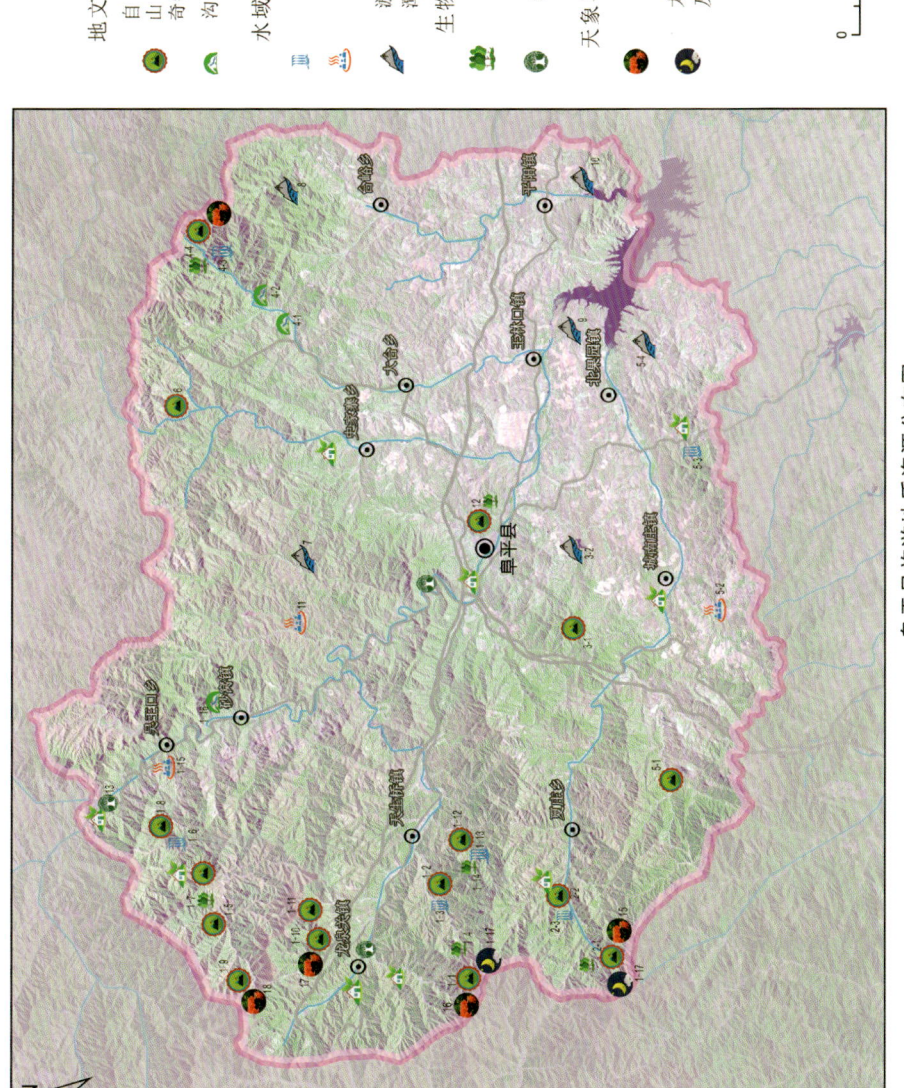

阜平县旅游地质资源分布图

地文景观

知识拓展

地文景观是指地球内、外营力综合作用于地球岩石圈而形成的各种现象与事物的总称。地文景观旅游资源是大自然的杰作，它们的形成、发展都有一定的规律性，并蕴含着一定的科学原理。

地震、火山喷发等内力作用建造了地表形态的"粗毛坯"。而大自然的鬼斧神工——风化、剥蚀、搬运、沉积、成岩等外力作用，则进一步把地表形态雕塑得多姿多彩、美丽如画。

火山喷发（来源于百度百科）

七彩斑斓的丹霞地貌（拍摄人：吴玺）

石烂就像剥洋葱——球状风化（拍摄人：宋绵）

河流侵蚀的沟底（拍摄人：李保刚）

特色鲜明　风采多样

阜平县地质景观具有形象"七美"和容颜"五色"的典型特征。"七美"表述为雄、奇、险、秀、幽、旷、野,"五色"表述为山色、石色、天色、水色、植物色。

雄：雄伟之姿,指山体景观具有的高大形象,是能使人心激动的一种美,可以有效解压,如太古代阜平岩群变质岩天生桥地貌景观等,能让游客感悟大自然的鬼斧神工。

奇：奇妙之美,景观经地质营力和人类开发改造而形成的奇特风格,如千峰山变质岩峰丛地貌等,它们的怪石奇峰、陡峭山崖,风景优美,让人赏心悦目,心情舒畅。

险：险峻之势,指景观格局夸张,给人以不稳、欲坠欲倾的错觉,如阜平七十二拐等,具有惊险刺激的特点,可以释放人的压力,调节情绪。

秀：柔和、秀丽、优美、雅致、精巧,景观质地柔润,地表植被良好,色彩翠黛雅致。如菩提湖等,给人甜美、安逸、舒适、和谐的感受,使旅游者悠然自得、心绪平和、宁静淡泊、恬适超然。

幽：幽静之韵,具有此特征的景观,一般欣赏空间狭小,道路曲折,视线被遮挡,有深不可测之感,"幽必曲、必静、必深、必暗"是对这种景观构成条件的概括。如台峪水库等,幽美,山水石树交融,能满足与自然密切接触的安宁,放松身心,释放压力。

旷：空旷之逸,指畅达、空旷,特点是视野开阔、平展而坦荡、极目远眺、一望无际。如百草坨、玫瑰坨等,空旷之景能令人神驰飞扬、思潮翻滚、心胸开阔。

中国首次发现的最古老规模最大的变质岩天生桥(雄)
(阜平县文化广电和旅游局、阜平县摄影家协会供图)

野：多见于原始天然、纯真古朴、富有野趣的景观，其特点是妙境天成，绝少人为。如仙人寺变质岩山岳地貌、神仙山森林公园等，具有自由自在之趣，助人童心不泯，使人心灵净化，率直磊落，回归纯真。

奇峰林立的千峰山（奇）
（阜平县文化广电和旅游局、阜平县摄影家协会供图）

山间游龙——七十二拐（险）
（阜平县文化广电和旅游局、阜平县摄影家协会供图）

菩提湖（秀）（阜平县文化广电和旅游局、阜平县摄影家协会供图）

洞外碧水忽见（幽）（拍摄人：常帅）

大道农业生态示范园（旷）（阜平县文化广电和旅游局、阜平县摄影家协会供图）

遥望变质山（野）（拍摄人：宋绵）

1　旅游地质资源禀赋及开发现状

阜平县旅游资源的色彩极其丰富，五彩缤纷。这些色彩主要由树木花草、江河湖海、烟雾云霞及阳光构成，让人赏心悦目。

山色：山体的混合色、调和色，体现山体的整体色彩。淡云薄雾常给山岳敷上一层调和色，使群山的色彩变得柔和、淡雅和协调，如仙人山。

石色：山石因岩石种类、所含矿物质成分、风化程度等不同，而呈现出不同的色彩。石色可以是局部的，如雪浪石，也可以是整个山体的颜色。

水色：水在不同的地理环境中，由于所含矿物质及洁净程度的不同，或者受天色及周围自然景物的影响而产生的丰富色彩。如菩提湖是淡蓝色、台峪水库是青绿色。

天色：当阳光穿过大气层时，不同的天气和时间，天空会呈现出千变万化的色彩，这就是天色。天色的变化，赋予大自然不同的色彩，使旅游资源产生不同的美感。

山色——红白相间的山（拍摄人：宋绵）

石色——雪浪石（拍摄人：马学军）

植物色：指树木花草所呈现的色彩，是自然界最丰富多彩、引人注目的色彩，万紫千红，如玫瑰坨，五彩缤纷，辽道背国家森林公园夏季是碧绿青翠。

1 旅游地质资源禀赋及开发现状

水色——碧水一潭（台峪水库）（拍摄人：常帅）

天色——霞光下的神仙山（阜平县文化广电和旅游局、阜平县摄影家协会供图）

植物色——五彩斑斓的秋季（拍摄人：宋绵）

开发现状　潜力巨大

（一）单点规模小，区域散点分布，对经济的拉动力不足

阜平县拥有43处地质景观，13个乡镇均有景点，主要分布在天生桥镇、吴王口乡、夏庄乡、大台乡4个乡镇，地质景观占62.96%。受开发程度所限，单点规模小，单点游览时间短，且由于未综合规划景观路线，景点与景点之间路途长。此外，受森林防火封山期影响，年旅游时间只能集中在6—10月，导致景区基础设施投入成本回收时间过长，多处景观旅游配套服务设施不足，无法形成阜平旅游产业链，出现内外动力疲软等情况。

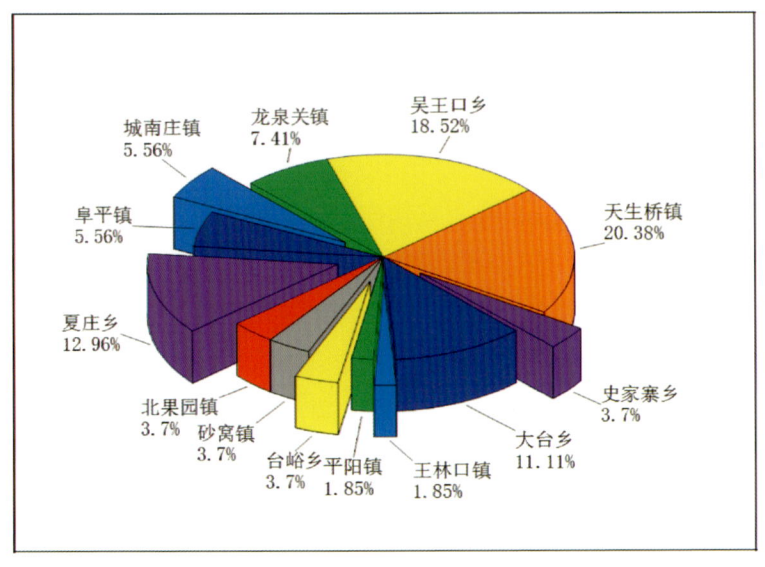

阜平县各乡镇地质景观占比图

（二）开发模式单一，开发程度低，景观亮点不足

目前，阜平县旅游模式多为自然旅游系列，以休闲观光旅游和红色旅游为主，康养旅游尚处于起步阶段，各景观点的亮点不显著，旅游模式相对单一，回头客资源相对较少。

随着生活水平的提高，健康养生、探险体验、文化休闲等新型旅游消费呈现新趋势，阜平县各景观点应结合旅游消费新热点，在共性中寻找个性，彰显各景观点的亮点，目前这方面的工作明显不足。

（三）解说词科学性不足，趣味性急需加强，传播力欠缺

阜平县仅天生桥国家地质公园和晋察冀革命纪念馆有旅游解说词。天生桥国家地质公园解说词主要存在三方面问题：一是说景不解景，缺乏科普性，如十面埋伏谷；二是观景不析景，缺乏科学性，如天生桥景观；三是过多使用无情节联系的神话传说，地质味道不浓，如卧蟾石、九瀑命名等。

总体规划

来源于吴平微信朋友圈

　　根据国务院印发的《"十四五"旅游业发展规划》中提出的"坚持以文塑旅、以旅彰文""坚持系统观念、筑牢防线""坚持旅游为民、旅游带动""坚持创新驱动、优质发展""坚持生态优先、科学利用"的原则，阜平县旅游应以地质景观为基础，融合地方文化，从美学、生态学、心理学等多视角出发，打造"红、古、绿"交相辉映的旅游资源体系。

　　本章将从总体定位、发展路径和总体布局展开介绍。

总体定位

阜平县旅游应以自然资源为前提，以地质景观为基础，以系统的旅游服务设施为重点，打造身心健康协调、注重旅游体验品质的新旅游模式，着力形成"一带五线"全域旅游圈和地质研学旅游精品路线，支撑阜平县"红、古、绿"交相辉映的旅游资源体系建设。

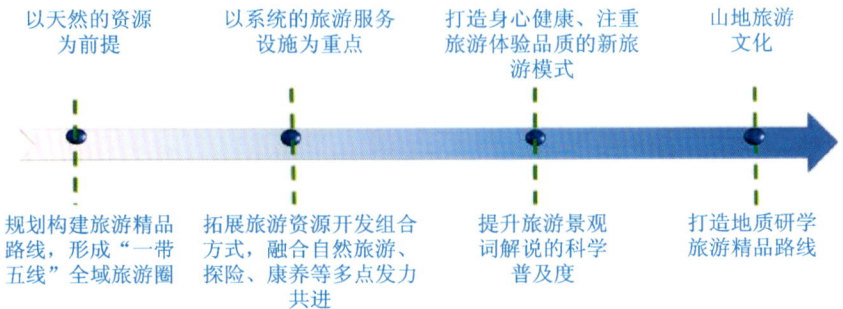

阜平旅游规划总体思路

发展路径

新型旅游消费需求：健康养生、探险体验、文化休闲等。

新型旅游格局：周边游、区域游，向短时间、小空间、多频次、日常化、生活化的方向发展。

规划旅游路线：优化景观组合，调整旅游路线，系列推出探险、研学、康养等多条定制游线。

旅游是人们寻求心理满足的一种体验形式,现代旅游者追求的不再仅是"走马观花"式的游览,而是能够参与体验、康体养生、文化学习、个性探险等多样形式的活动与体验。

阜平县旅游地质资源雄、奇、险、秀、幽、旷、野各有姿色,可发展不同特色的探险旅游、自然旅游、文化旅游、度假旅游、休闲旅游、康养旅游等旅游方式。

探险旅游可以寻求刺激,自然旅游可以进行审美体验,文化旅游能满足大众的求知欲,度假旅游能够让人放松身心,休闲旅游可愉悦心情等,不同特色的旅游能满足旅游者不同的欲求。

总体布局

综合阜平县旅游景观,通过调整旅游路线、优化景观组合,形成"一带五线"的全域旅游圈,推出研学路线。

"一带":阜西生态旅游综合开发带,包含地文景观9处、水域风光4处、生物景观3处、天气与气候景观2处、地质特色小镇1处。

路线特点:景观具有雄、奇、险、秀、幽、旷、野的特点,集探险、休闲、自然观光、研学教育等为一体。

"五线"分述如下。

一线:喀斯特奇观北岳探源,包括地文景观1处、沟壑与溶洞2处。

路线特点:景观奇、秀、险、旷、野。

二线:变质山中云花溪谷,包括地文景观2处,水域风光1处。

路线特点:景观奇、秀、旷、野,适合自然观光休闲。

三线:奇特风化乐享山湖,包括地文景观1处,水域风光1处。

路线特点：幽静秀美，适合度假旅游。

四线：馒头山泉康养休闲，包括地文景观1处，水域风光2处。

路线特点：景观幽、秀、美，适合度假旅游，休闲旅游。

五线：崎岖盘山七十二拐，包括地文景观1处，史家寨窑洞民俗园1处。

路线特点：奇、险、旷、美，适合户外探险。

地质研学旅游精品路线。

主题：穿越阜平县2.8亿年的地质时空隧道。

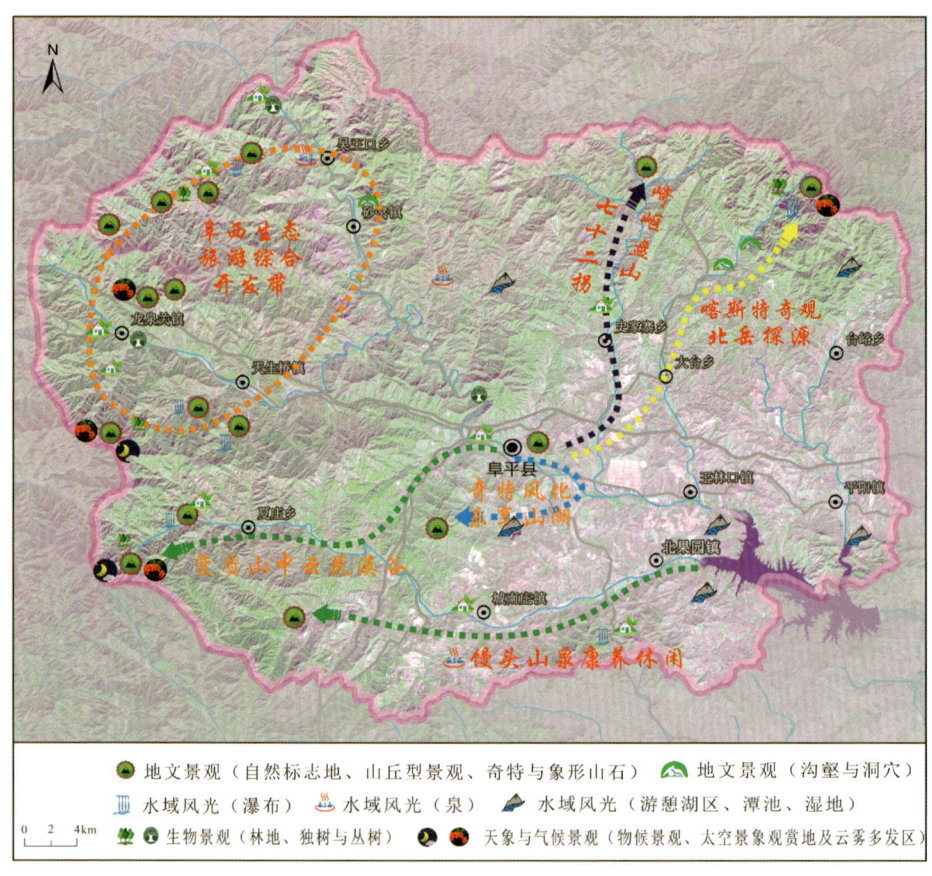

阜平县"一带五线"全域旅游圈

神仙山
(距今5.7亿～
4.4亿年的
喀斯特地貌)

天生桥
(距今28亿
年的变质岩)

铁贯山
(距今2亿年
的花岗岩)

平阳湿地
(人类史)

地质研学旅游精品路线图

地学景观路线产品设计

阜平县文化广电和旅游局、阜平县摄影家协会供图

随着生活水平的提高,健康养生、探险体验、文化休闲等新型旅游消费需求将会越来越大。周边游、区域游将形成新格局,旅游将向短时间、小空间、多频次、日常化、生活化的方向发展,低密度的近郊旅游会成为一个旅游新热点。阜平县可打造"一带五线"的全域旅游圈。

本章将对阜平县地学景观设计的"一带五线"和地质研学旅游精品路线展开介绍,包含路线组成、旅游模式、游览人群、游览时间及重要景观。

阜西生态旅游综合开发带

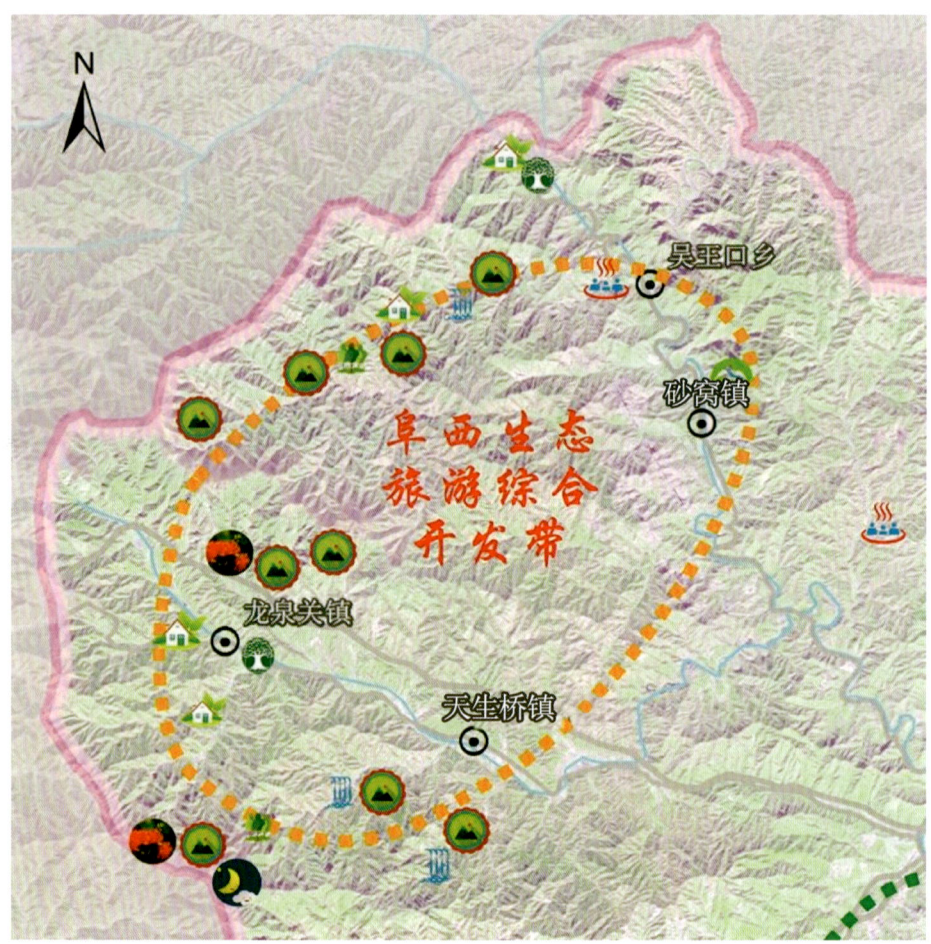

阜西生态旅游综合开发带地质旅游线

- **旅游模式**：集探险、休闲、自然观光、研学教育等为一体
- **游览人群**：老少皆宜，大众可根据实际需求选择不同的游览路线
- **游览时间**：晚春、夏季及早秋

第一天：天生桥景区（天生桥国家地质公园九瀑一桥）—辽道背森林公园（森林浴）、百草坨（山泉、百花争艳、登高景色尽收眼底）—骆驼湾（红色景区，适宜住宿）

第二天：千峰山（奇峰怪石）/五崖寨（险峻突兀的摩天岭和河谷宽阔、溪流潺潺的大寨沟）/仙人山（瀑布飞泄、百泉涌溢、原始村落）—龙泉关古城（适宜住宿）

第三天：歪头山（河北省第八高峰，北缓南陡，有藏兵洞、烽火台等人文景观）—银河大峡谷（寿长寺原始森林公园、仙人寺、黄草洼人工大瀑布）—温塘寺温泉度假/白洋溶洞/不老台地质文化村（地质特色小镇，适合住宿）

天生桥变质岩地貌

位置：天生桥镇朱家营村。

地质特色：天生桥景区主要由古老的片麻岩构成,岩石矿物成分复杂,包括斜长石、角闪石、云母等,纹理构造多变。变质程度较深,矿物之间排列明显,节理比较发育,是太行山腹地的重要组成部分。景区是以中山和亚高山地貌为特色的自然风景区,境内峰峦叠嶂,沟壑纵横,溪瀑多姿,植被茂密,风景奇秀险峻,是一处难得的高品质旅游胜地。

地壳发生的大规模变动,使景区内峰峦叠嶂,苍山如海,小溪纵横,奇险峻峭,特别是天生桥上方有60m的瀑布,下方有112m的大瀑布,瀑布飞流而下穿过天生桥再泄入百米深渊,特别雄奇壮观。

地文景观——山丘型景观、奇特与象形山石（天生桥）（拍摄人：龚磊）

瀑布群

水域风光——瀑布（天生桥瀑）（阜平县文化广电和旅游局、阜平县摄影家协会供图）

位置：天生桥镇朱家营村。

地质特色：天生桥桥长27m，宽13m，高13m，高耸于数百米绝壁之上，发育在变质岩中，是我国迄今发现最大的片麻岩天生石桥。天生桥一沟九瀑，大小不一，形态各异，类型较多，在华北地区极为罕见，非常珍贵。天生桥瀑布（也叫一瀑或瑶台瀑）是这九个瀑布中最为壮观的垂直型瀑布，落差112.5m，是我国华北地区著名的瀑布之一。

发展模式：建设阜平县地质文化馆，青少年研学实践基地。

旅游建议：车辆可直达天生桥景区门口，景区内有缆车，交通相对便利，适合中青年人游玩，游览时长3～5h。

天生桥(辽道背)国家森林公园

位　　置：天生桥镇辽道背村。

地质特色：原始次生林，公园内植被覆盖率为95%，森林覆盖率为80%，植被茂密，分天然次生林和人工飞播林，是华北地区少见的面积较大的原始次生林，空气清新，幽静是它最大的特点。

发展模式：森林浴特色游。

旅游建议：车辆直达，沿途风景秀丽，适合各类人群游玩。建议游玩季节：6—8月。

生物景观——林地(天生桥(辽道背)国家森林公园)(拍摄人：龚磊)

百草坨

位置：天生桥镇朱家营村。

地质特色：百草坨海拔 2 144.5m，主要由黑白相间的片麻岩组成，坨顶有零星的基岩裸露，地势平坦，受地势及山区小气候影响，云雾缭绕，植物茂密，种类繁多，是太行山脉典型的高山草甸，被称为"五花草甸""空中草原"。在地质上称为夷平面，是在地球内部的力量和外界风力、降水等综合作用下形成的。在大约 5300 万年前（哺乳动物出现时），百草坨所在的区域处于上升阶段，但在外力作用下岩石受到剥蚀，形成了比较平坦或微微起伏的准平面，后续地壳又将此处抬高，在山地顶部形成了山地夷平面。

发展模式：户外写生或牧民体验游。百草坨雄、奇、险、秀，色彩丰富，户外运动能改善人体肺功能、增强呼吸系统活性，提高免疫力，帮助人们放松心情。

旅游建议：本点可徒步到达，从辽道背村徒步约 40 分钟，需要一定的体力，山上温差大，沿途风景秀丽，有瀑布、原始次生林、野山花等，适合青少年及中年徒步者。建议游玩季节：6—8 月。沿途建议设置一些休息亭、取景拍照点、体力补充站等。

地文景观——自然标志地(百草坨)(阜平县文化广电和旅游局、阜平县摄影家协会供图)

千峰山变质岩峰丛地貌

地文景观——奇特的象形山石（千峰山）（拍摄人：李保刚）

位置：龙泉关镇麻地沟村。

地质特色：以奇峰怪石著称，海拔 957～2129m，因山中峭崖耸立，奇峰连天，数量众多而命名为千峰山。奇峰林立，主要由变质岩垂直节理经长时间风化切割形成，保持了景观的自然性。随季节轮回变化的植物色，黑白相间的石色，开阔的天色相互交织，让旅游者感悟大自然的鬼斧神工，敬畏生命。

发展模式：雄险奇秀，一线天，崎岖登山路，适合探险游。

旅游建议：交通相对不太便利，无法直达千峰山山顶，沿途风景佳，奇峰怪石多，适合中青年人群游玩，需要 3～5 小时。

五崖寨变质岩山岳地貌

地文景观——山丘型景观（五崖寨）
（阜平县文化广电和旅游局、阜平县摄影家协会供图）

位置：龙泉关镇平石头村。

地质特色：五崖寨变质岩山岳地貌由摩天岭及大寨沟构成，摩天岭险峻突兀、拔地而起，海拔均在 2000m 以上，大寨沟内河谷宽阔，溪流潺潺，河谷内发育有点将台、仙人山、蟾蜍石、乌龟石、风劈崖、南天门等自然景观。地球内外力共同作用形成变质岩复杂的地貌形态，又"险"又"奇"，水石色交融。

发展模式：打造户外探险和文化学习旅游模式。

旅游建议：车辆可直达五崖寨山脚下，交通相对便利，适合中青年人群游玩，需要 3~5h。

仙人山变质岩山岳地貌、瀑布

位置：天生桥镇罗家庄村。

地质特色：怪石嶙峋、悬崖峭壁、重峦叠嶂、瀑布飞泄。仙人山山谷为"U"形，谷底宽阔，地势平缓，两侧崖壁陡峭险峻。百泉涌溢，山涧溪水潺潺，蜿蜒曲折。仙人山属国家重点防护林带。地球内外力共同作用形成变质岩复杂的地貌形态，"野"美。游客在这里回归自然，宁静思考，寻找初心。水色石色交融，植物色彩斑斓。

发展模式：自然旅游、探险旅游等。

旅游建议：车辆可直达仙人山山脚下，交通相对便利，适合中青年人群游玩，需要 2～4h。

地文景观——山丘型景观（仙人山）、水域风光——瀑布（仙人山）

（阜平县文化广电和旅游局、阜平县摄影家协会供图）

歪头山变质岩山岳地貌

位置：吴王口乡黑崖沟村。

地质特色：保定市第一峰，河北省第八高峰，群山环绕，多种因素共同作用形成的变质岩山岳地貌，节理发育，主峰高 2286m，歪头山主峰周围几乎全是草坡，南面峭壁，北侧缓坡。南有黑崖、炮台山、四方塔等山峰，北有南天门等景观，西与五台山北台隔山相望，东与黄落伞——摩天岭山系相连。歪头山有多处藏兵洞、烽火台分布，集人文景观和自然景观于一体，具有非常高的观赏性。

发展模式："奇"美、"旷"美，人文古迹多，以"探险与历史文化体验"为主体，享受自然，开阔心胸，舒缓压力。

旅游建议：交通便利，属银河山大峡谷内最深处的山岳，沿途风景佳，山水交融，适合全部人群游玩，攀登歪头山需 30min，站在最高点，阜平县景色尽收眼底。

地文景观——奇特与象形山石（歪头山）
（阜平县文化广电和旅游局、阜平县摄影家协会供图）

银河山变质岩山岳地貌

地文景观——奇特与象形山石（银河山）（阜平县文化广电和旅游局、阜平县摄影家协会供图）

位置：吴王口乡寿长寺村，太行山的大山腹地。

地质特色：地势险峻，主峰海拔2041m，山体是由28亿年前形成的片麻岩组成的。森林生态系统完好，山涧上巨石林立，有许多怪石奇峰。此山由于断层多，山泉较多。具有山高、谷深、峡长、林密、石奇、水丰的特点。这里也是古代战略要冲，山下有一座明代炮楼。

发展模式：峡谷集"奇""险""秀"为一体，适合自然旅游或度假。

旅游建议：峡谷交通较便利，沿途风景佳，山水交融，适合全部人群游玩。登山需一定体力，建议周边建设一些小商店等基础旅游服务。

寿长寺原始森林、黄草洼瀑布

生物景观——林地（寿长寺原始森林）（拍摄人：宋绵）

水域风光——人工瀑布
（黄草洼瀑布）（拍摄人：宋绵）

位置： 吴王口乡寿长寺村、黄草洼村

地质特色： 山体庞大，人烟稀少，"旷"美，"野"美，降雨充沛，植被茂密，山体被植物掩盖，是阜平县境内植被条件最好的区域，保持着原始森林环境。黄草洼瀑布，高30～40m，宽10～18m，沿崖壁跌落而下，气势壮观，雄美。该瀑布为人工瀑布，受上游发电站拦蓄水影响，水色、石色相映，冬日里透过薄薄的冰层可见流动的水流。

发展模式： 峡谷内景观资源一体发展。

旅游建议： 交通便利，山水植被交融，适合各类人群游玩。

仙人寺变质岩山岳地貌

位置：吴王口乡南沟村。

地质特色：群峰林立、峥嵘险峻，仙人山顶上有仙人石，造型奇特，由3块片麻岩组成，属于风动石，"奇"美；沟谷泉水叮咚，"秀"美。石色、植物色、天色交融在一起，五彩缤纷。

发展模式：人文古迹多，以"文化养生与休闲体验"为基本定位，让游客享受自然，感受文化，静心养神。

旅游建议：交通便利，属银河山大峡谷支沟之一，沿途风景佳，山水交融，适合各类人群游玩。

地文景观——奇特与象形山石（仙人寺）
（阜平县文化广电和旅游局、阜平县摄影家协会供图）

仙人寺（阜平县文化广电和旅游局、阜平县摄影家协会供图）

吴王口温泉

水域风光——温泉（吴王口温泉）（拍摄人：贾国欣）

位置：吴王口乡贝子村。

地质特色：吴王口温泉是富含硫、钾、钙等 30 多种矿物质的高温温泉，其氟、硅含量可达到医疗作用水平，流量稳定，具有一定的稀有性，泉水周围景色优美，设施齐全，交通便利，已建成温泉山庄，与白洋溶洞相邻。此处绿色和不同的花色构成绚丽的植物色，与碧绿的水色交织。

发展模式：可利用其医疗、养生价值结合地质景观点综合开发利用。

旅游建议：该点可发展温泉旅游，沟谷内风景较好，有基础的服务设施，适合各类人群。周边有银河大峡谷，可联合开发成一条旅游路线。

白洋溶洞

位置：砂窝镇葡萄村。

地质特色：该溶洞位于半山腰上，溶洞洞口近圆形，直径7～9m，口小肚大，深度7～8m，洞内钟乳石发育，有石柱、石钟乳、石笋、石帷幕、洞穴珍珠等各种化学沉积景观。这套岩石形成于约4.5亿年前，水和CO_2的共同作用使岩石内部矿物溶蚀，形成目前的溶洞景观。沿途可见因不同矿物成分和气候环境形成的红色、灰白色等不同色彩的岩石。

发展模式：该景观相对规模较小、类型单一，具有科学研究的价值，不宜规模开发，适合打造探险旅游模式。

旅游建议：该溶洞位于沟谷半山腰上，沟谷呈自然状态，未开发，交通不便利，适合具有探险精神的中青年人群游玩，四季皆宜，冬季需注意冰冻。

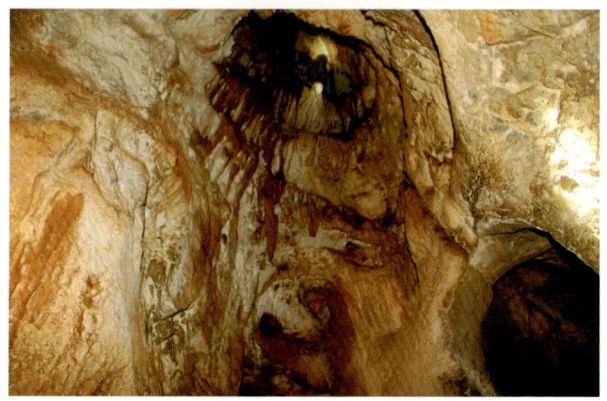

地文景观——沟壑与洞穴（白洋溶洞）

（拍摄人：宋绵）

神仙山、百草坨、玫瑰坨、歪头山、仙人寺天象与气候观景有利点

天象与气候景观——太空景象观赏地、云雾多发区（拍摄人：宋绵）

特色：奇美。阜平县地处太行山腹地，海拔地势高，空气质量好，生态环境优越，孕育了丰富的高品质山岳天象与气候景观。这里高山众多，远离城市光污染，适合观日出、赏月和观测星空等。神仙山特殊的山地气候，形成了独特的云海景观。云雾中神仙山犹如仙境，尤其日出和日落时出现的霞海，光华绚丽，山色、石色、植物色多色变幻，色泽斑斓，十分壮观。云随风动，缥缈灵动；人在云海中，如同置身佛国仙境。

旅游建议：因景观多在半山腰或其上方，该点适合具有一定体力的中青年人群游玩，或在山腰下设置一些远景观景台，可开发休闲旅游模式。

一线：喀斯特奇观北岳探源

喀斯特奇观北岳探源地质旅游线路

> ▶ **旅游模式**：休闲、探险
> ▶ **游览人群**：自驾游，老少皆宜
> ▶ **游览内容**：地文景观2处，生物景观1处，水域风光1处
> ▶ **路线**：史家寨窑洞⇨金龙洞/炭灰铺溶洞（洞内发育石钟乳，地下有暗河）⇨神仙山瀑布群（瀑布众多）⇨神仙山森林公园（植物王国，喀斯特地貌，一线天等）

金龙洞

地文景观——沟壑与洞穴（金龙洞）（拍摄人：罗书文）

位置：大台乡金龙洞村。

地质特色：溶洞洞口呈半圆形，洞口宽4～5m，高2～3m，入口有石梯，向下延伸约10m可到达底部，底部空间逐渐变窄，洞内温度较低，有深20～30cm的水流。洞内发育石柱、石钟乳、石笋、石盾、洞穴珍珠等。溶洞分为3层，各层溶洞之间由横向的洞穴和纵向的天井贯通。洞内有暗河，洞口前有小溪流从洞内流出，该暗河内为天然富锶型矿泉水。

发展模式：可发展探险旅游、研学教育旅游模式，建议在周边建设其他游玩设施。

旅游建议：交通便利，洞内虽有奇异景观溶洞，但观赏时长相对较短，约30min，适宜各类人群，四季皆宜。

炭灰铺溶洞

位置： 大台乡炭灰铺村。

地质特色： 炭灰铺溶洞是阜平县规模最大、沉积物最为丰富的溶洞，共4层，各层溶洞由横向的洞隙或竖井贯通，洞道总长度为1156m，洞口到地下河的垂直深度为131.5m。洞内发现两处地下河，水量可观。石钟乳、石笋、石柱、石盾、石幔、石花、石珍珠、鹅管、壁流石、卷曲石、锅穴、边石等景观发育。洞内留有多处金明昌时期的洞壁文字、人体骨骸和草木灰等人文遗迹，完整性好。

发展模式： 可发展探险旅游等模式。该溶洞尚未开发，处于天然状态，需专业探洞设备方可下洞游览，可以满足探险旅游爱好者体验刺激、释放压力、突破自我的心理需求。

旅游建议： 交通便利，溶洞洞口位于半山腰，山间小路可到达，洞穴游玩时长约3h，适宜中青年人群游玩，游玩季节为春、夏、秋季。

地文景观——沟壑与洞穴（炭灰铺溶洞）

（拍摄人：罗书文）

神仙山瀑布群

水域风光——瀑布（神仙山瀑布群）（拍摄人：李保刚）

位　置：大台乡神仙山一带。

地质特色：神仙山地区沟谷众多，瀑布众多，包括飞龙瀑、南庵瀑等。冬季会形成壮观的冰瀑景观。有灰白色的石灰岩、凝灰岩，红色的泥页岩，不同的石色在植物、瀑布的映衬下更具另一番风情。

发展模式：休闲旅游、自然旅游等模式。

旅游建议：该沟谷内景色优美，气温低，夏季凉爽，可徒步观景，也可自驾旅游。适宜所有人群，可增加一些配套服务设施。

神仙山森林公园

位置：大台乡神仙山。

地质特色：神仙山的岩石以沉积岩为主。针叶林、阔叶林混交,灌木丛生、花草遍布,林草丰茂,集太行山所有动植物资源于一体,呈现了生物的多样性,是生物链保护较好的一个生物王国。植物色彩丰富,山色未被植被覆盖,更能凸显石头的天然颜色。

发展模式：休闲旅游、自然旅游等模式。

旅游建议：该沟谷内景色优美,气温低,夏季凉爽,可徒步观景,也可自驾旅游。适宜所有人群,需增加配套服务设施。

生物景观——神仙山森林公园（拍摄人：宋绵）

二线：变质山中云花溪谷

变质山中云花溪谷地质旅游线路

- **旅游模式**：自然观光休闲
- **游览人群**：老少皆宜，部分景观需要一定体力
- **游览时间**：晚春、夏季及早秋
- **游览内容**：地文景观2处，水域风光1处
- **路线**：玫瑰坨（山顶开阔，百花盛开）⇨ 云花溪谷及瀑布群（山谷奇峻幽深，瀑布成群，其中面盆村适宜住宿）

玫瑰坨

地文景观——自然标志地（玫瑰坨）（来源于阜平文旅发布）

位置：夏庄乡二道庄村一带。

地质特色：玫瑰坨坨顶主峰2 281.1m，因春季山上开满野玫瑰而得名，系河北省五大高峰之一，素有"太行第一坨，燕赵第一峰"之称。顶峰相对平坦，山体为北西-南东走向，形成连绵不绝的高山草甸，坨顶草甸面积5000亩（1亩≈666.7m²），相当于20多个400m×400m的操场，甚是开阔，山体主要为灰白色、灰红色的片麻岩，在坨顶偶尔能见到岩石出露。大约在3400万年前的渐新世，当时地壳相对比较稳定、气候比较暖湿、海平面比较高，因水流的剥蚀作用形成了比较平坦的微起伏的准平面，后又被抬升保留在山顶，形成了山地夷平面。

旅游吸引力：春季野玫瑰、金莲花、胭脂花、百合花、紫菊花、灯笼花……上百个品种盛开，红、黄、白紫、蓝各色一应俱全，此起彼伏，灿若云霞，花期长达半年，以6月份最佳，夏季温度低，为避暑胜地。玫瑰坨山谷如同一幅徐徐展开的幽谷画卷，美得让人陶醉。山谷的曲折幽深让人荡涤一切俗虑尘怀。多彩的植物色和山色相互交融，更具美感。

发展模式：休闲旅游、自然旅游、户外写生等模式。

旅游建议：徒步到达，徒步2~3h，需一定体力，沿途可见瀑布等，适合青年及中年徒步者。建议游玩时间：6—8月。沿途建议设置一些休息亭、取景拍照点、体力补充站、山花等科普标识牌等。

云花溪谷景区

位　置：夏庄乡二道庄村一带。

地质特色："八百里"太行山中一颗璀璨的"生态明珠"，主要以花海、奇峰、飞瀑、深林而著称。拥有三溪、两山，多为次生林，各种动植物达700多种，坨顶坦若平川，百花争艳。云花溪谷在二道庄、羊道、面盆等沟谷之中均有瀑布群的出露，大小瀑布共计20余处，有大尖渠瀑布群、秋波潭瀑布群、高家地沟瀑布群和青杜崖瀑布群等，每到冬季，会形成极其壮观的冰瀑群。景区植被茂密，景色宜人，具有很高的观赏性。云花溪谷具有较典型的太古宙变质岩地质地貌特征。大山巍峨，溪水清清，水滋润山，山孕育水，泉水成流，清流成溪，溪流成瀑，瀑下成潭，沟谷内有万千自然石。水抱石，石扶水，石与水和谐共存的情景让我们肃然起敬。在这里亲近自然，与山水和谐相处，能让游客回归心灵的宁静，缓解身心疲惫。

发展模式：可开发自然旅游、探险旅游等模式。

旅游建议：云花溪谷景区目前正在开发，沟谷内有漂流、露营等游玩设施，有民宿、商店等基础旅游服务，但观山路尚在开发，适合中青年人群游玩，需要2～4h。

地文景观——山丘型景观（云花溪谷景区）
（阜平县文化广电和旅游局、阜平县摄影家协会供图）

水域风光——瀑布（云花溪谷景区）
（拍摄人：王丙泽）

三线：奇特风化乐享山湖

奇特风化乐享山湖地质旅游线路

- ▶ **旅游模式**：度假旅游
- ▶ **游览人群**：适合全部人群
- ▶ **游览时间**：晚春、夏季及早秋
- ▶ **游览内容**：地文景观1处，水域风光1处
- ▶ **路线**：石佛堂（8处石窟、风动石等）⇨菩提湖（群山环绕，山泉自然成湖）

石佛堂

地文景观——山丘型景观（石佛堂）（阜平县文化广电和旅游局、阜平县摄影家协会供图）

位置：阜平镇苍山村。

地质特色：石佛堂是河北省"八大名窟"（因八处建在崖壁之上的石窟而得名）之一。石佛堂是因内外动力作用形成的一系列特殊的地质景观，包括因岩石差异性风化而形成的风化穴，因岩石风化剥落进而崩塌滚落形成的风动石，以及因岩石裂隙及风化而形成的一线天。

发展模式：清幽的环境利于大家冥想，起到减压、舒缓、放松的作用。青山绿黛，景色宜人。可发展康养、文化休闲旅游模式。

旅游建议：车辆可行驶到石佛堂脚下，登山需30min，在去往石佛堂的路上有海沿水库，四面环山，波光粼粼，适宜各类人群。

菩提湖

位置：阜平镇海沿村。

地质特色：菩提湖是典型的湿地景观。菩提湖由山泉水自然形成，湖面面积约386亩，湖面呈条带状被群山环绕，南北最宽处为240m左右，东西长千米，岸线曲折，拥有3个湖汊，下黑石沟湖汊和下庄湖汊相对开阔，水草茂盛，湖水清澈蔚蓝，湖区周围环境优美，植被茂密，湖中可养殖鱼虾。

发展模式：度假休闲模式，可垂钓、戏水等。

旅游建议：该点交通便利，适宜全部人群，目前周边有饭店等基础服务设施。

水域风光——游憩湖区（菩提湖）

（阜平县文化广电和旅游局、阜平县摄影家协会供图）

四线：馒头山泉康养休闲

馒头山泉康养休闲旅游线路

- ▶ **旅游模式**：幽静秀美，度假旅游，休闲旅游
- ▶ **游览人群**：登铁贯山需一定体力，其他活动老少皆宜
- ▶ **游览时间**：晚春、夏季及早秋
- ▶ **游览内容**：地文景观1处，水域风光3处
- ▶ **路线**：铁贯山（瀑布、花岗岩地貌，需要一定体力）⇨城南庄温泉（康养）⇨晋察冀边区革命纪念馆/花山（红色景区，适宜住宿）⇨水帘洞瀑布⇨胭脂河湿地/店房军事小镇

铁贯山

位置：城南庄镇岔河村。

地质特色：铁贯山山体如巨大的馒头一般坐落于胭脂河畔，已经存在100～200Ma，主峰高934.5m，南侧植被稀少，北侧植被茂密，山下还有瀑布、石壶、一柱擎天石等地质景观。瀑布位于铁贯山山下，瀑布

地文景观——山丘型景观（铁贯山）（拍摄人：宋绵）

水流量受季节影响，宽3～5m，高差2～3m，水质清澈。铁贯山周围群山环绕，山体高大，风景优美，景色宜人，具有非常高的观赏性，典型的花岗岩地貌。瀑布为一级叠水瀑，幽美，山水石树交融。游玩于此可享受与自然密切接触的安宁，可放松身心，释放压力。

红色文化：铁贯山一带为红色革命老区，作为当年晋察冀边区首府所在地，在晋察冀边区抗日史及晋察冀红色文化思想传承方面，发挥着重要的作用，其红色文化甚至是中国红色文化最重要的组成部分。

绿色文化：生态优势突出，森林覆盖率达39.47%，植被覆盖率达80%以上，是保定市最绿的地区。阜平县河道纵横，水库湿地遍布，与人类生产生活关系极大，这类与水有关的文化是绿色文化的一部分。

旅游建议：铁贯山一带交通较不便利，山高林密，是登山爱好者的好去处。周边的麻棚水库和马兰村《晋察冀日报》社旧址，景色优美，红色文化突出，可以建设成集红色、绿色文化于一体的综合旅游区。

城南庄温泉

位置:城南庄镇温塘村。

地质特色:城南庄温泉是构造裂隙温泉,温泉水为氟-硅复合型矿水。该温泉具有悠久的历史,始建于唐代,被人们称为"宝泉""圣水"。革命战争年代,刘少奇、朱德、聂荣臻、彭真等边区首长曾在此洗浴。1948年春,毛泽东、周恩来、任弼时等中央领导来到城南庄后,也经常来该温泉洗澡,故当地百姓又称之为"领袖泉""将军池"。知名度高,但泉水类型单一,规模较小。

旅游建议:温泉规模小,设施相对简单,需增加配套服务设施。可与城南庄其他旅游点联合开发,联合晋察冀边区革命纪念馆、城南庄湿地等打造康养旅游模式。

水域风光——泉(城南庄温泉)(拍摄人:宋绵)

晋察冀边区革命纪念馆

晋察冀边区革命纪念馆雕塑（拍摄人：宋绵）

晋察冀边区革命纪念馆，坐落于河北省保定市阜平县城南庄镇城南庄村。1948年4月，毛主席率领中央机关从陕北来到晋察冀的边区阜平县城南庄，居住工作了46天。期间，召开中共中央书记处扩大会议，审视度势，调整了南线战略，为三大战役的胜利奠定了坚实的基础。毛主席还亲自起草了《纪念一九四八年五一劳动节口号》，第一次具体描绘了新中国的蓝图，成为新中国成立的动员令。1972年，为了缅怀老一辈无产阶级革命家的丰功伟绩，教育激励后人，阜平县委、县政府在晋察冀军区司令部所在地、毛主席居住工作过的地方建起了城南庄革命纪念馆，该馆1974年正式对外开放。2005年在城南庄革命纪念馆的基础上改陈扩建，更名为晋察冀边区革命纪念馆。晋察冀边区革命纪念馆，总占地面积17万m^2，其中建筑面积6520m^2。纪念馆分为展览区、室外雕塑区、后山旧址区和生态休闲区。展览区建筑面积2200m^2，广场占地6300m^2。纪念馆运用大量珍贵的照片、文物以及先进的声、光、电、幻影成像等高科技手段，充分展示了晋察冀军民在抗日战争和解放战争中所创下的光辉业绩。

花山

毛泽东同志花山旧居（拍摄人：宋绵）

1948年5月18日凌晨，毛泽东同志的住地城南庄遭敌机轰炸，后转移到花山村居住9天。在临时借用的农家房舍里，他夜以继日地为解放全中国的事业操劳着，写下了《关于一九四八年的土地改革工作和整党工作的指示》等著作。1948年5月27日毛泽东等中央领导同志由此出发前往西柏坡。

花山民宿（拍摄人：宋绵）

水帘洞瀑布

水域风光——瀑布（水帘洞瀑布）（拍摄人：刘伟朋）

位置：北果园乡店房村。

地质特色：水帘洞瀑布位于山坡凹谷处，自然出露，瀑布崖高 26m，跌水级数为一级，出露面积大约为 100m²，水质清澈，雨水充沛时期，水流倾泻而出，气势壮观。冬季则形成长 15～20m，落差 3～5m 的冰瀑。该瀑布底部峡谷内，有 1 窟 3 洞。山涧瀑布为细长型、垂直型瀑布。水色、山色季节交替时不同，冬观灰白色、浅肉红色山色和浪漫的白色冰瀑，夏观绿色植被覆盖下若隐若现的山体。

旅游建议：该点交通便利，点相对单一，人少清静，适宜全部人群，目前无基础服务设施。周边有店房军事小镇，可联合开发。

胭脂河湿地

位置：北果园乡营岗村。

地质特色：河口湿地，自然出露，胭脂河可调节径流、改善水质等，季节性植被的色彩变化十分丰富。

旅游建议：该点交通便利，适宜全部人群，目前周边有饭店等基础服务设施。

水域风光——游憩湖区（胭脂河湿地）（拍摄人：宋绵）

五线：崎岖盘山七十二拐

- **旅游模式**：户外探险
- **游览人群**：户外探险人群
- **游览时间**：晚春、夏季及早秋

崎岖盘山七十二拐地质旅游线路

阜平七十二拐（阜平县文化广电和旅游局、阜平县摄影家协会供图）

在河北和山西之间隔着天堑太行山，想要翻过这座山，就要走这条崎岖的山路。山势复杂，短短的12km，山路攀升高度600多米。向下看，七十二拐好似巨龙一般盘旋在山间，向远眺，是连绵起伏的山峰，大景与小景汇聚在一起，是一幅美丽的画卷。

知识拓展 中国的盘山公路

云南宜良靖安哨68道拐：被誉为"天下第一S弯"！短短7km竟有68道拐，堪称世界上弯道最密集的山路。

"怒江72拐"从最低点海拔3100m，一路攀升到最高点业拉山口海拔4651m，再盘旋下降至邦达镇海拔4100m。长约12km，有人统计其实有130多个弯。

3 地学景观路线产品设计

地质研学旅游精品路线

以地质资源环境为基础,从地质景观"观赏性与科学性并重"的定位出发去发掘地质景观的旅游价值,是将地质资源转化为旅游资源、促进旅游地质资源开发与环境保护的关键举措。旅游地质资源环境保护是地质景观旅游资源化、旅游资源可持续利用的基础,是旅游地质资源·环境·人·地关系协调发展的根本条件。

基于阜平县景观的特点,开发一条"寓教于游"的地质研学旅游路线,在平阳湿地、神仙山、铁贯山、天生桥等不同景观穿行"时空隧道",探秘地球。

研学路线设计

线路起点为平阳湿地,途径沉积岩形成的神仙山、金龙洞,花岗岩形成的铁贯山,终点为变质岩形成的天生桥。

现代形成的平阳湿地:湿地被称为"地球之肾",泛指暂时或长期覆盖水深不超过 2m 的低地、土壤充水较多的草甸,以及低潮时水深不过 6m 的沿海地区,包括沼泽地、湿草甸、湖泊、河流以及河边洼地或漫滩、湿草原等,具有强大的生态净化作用。

距今 5.7 亿~4.4 亿年的寒武纪—奥陶纪岩溶(喀斯特)地貌:石灰岩形成的金龙洞、三眼井喀斯特峡谷地貌。岩溶(喀斯特)地貌,主要是指在水对可溶性岩石——碳酸盐岩(石灰岩、白云岩等)、硫酸盐岩(石膏、硬石膏等)和卤化物岩(岩盐)等的溶蚀作用下,形成的地表及地下的各种景观与现象。岩溶作用的结果,通常是在地表形成各种奇峰、柱石等,在地下则发育成溶洞、暗河等。

距今 2 亿年的花岗岩地貌:花岗岩地貌,是指花岗岩石体在各种外动力作用下形成的一种地貌类型,如峰林状高丘、球状石蛋或馒头状岩丘。馒头状花岗岩地貌,由穹窿状花岗岩体构成,具风化壳,厚 10~80m,风化壳剥离后,出露球状石蛋或馒头状岩丘,地势浑圆。

距今28亿年的变质岩：变质岩是由变质作用所形成的岩石，一般包括由花岗质岩石或粉砂岩变质而来的片麻岩，由碳酸盐岩变质而来的大理岩，由泥质岩变质而来的片岩、板岩，由石英砂岩变质而来的石英岩，由深熔作用形成的混合岩等。

通过由今至古地质时代的穿越，解读沉积岩、花岗岩、变质岩这些石头的语言，感受不同时代的石头在地球母亲系列作用下形成的艰辛过程，引发"生命在于运动"的思考。通过这些地层的故事，欣赏阜平大地沧海桑田变迁的历史及地质奇观的科学解说。

参观天生桥国家地质公园，包括成员（地理成员、地质成员、动植物成员等）、家谱（公园历史、公园沧桑、大事记、文化、生态、风俗），打造集阜平县地质特色、动态教学和动手实验为一体的体验馆。

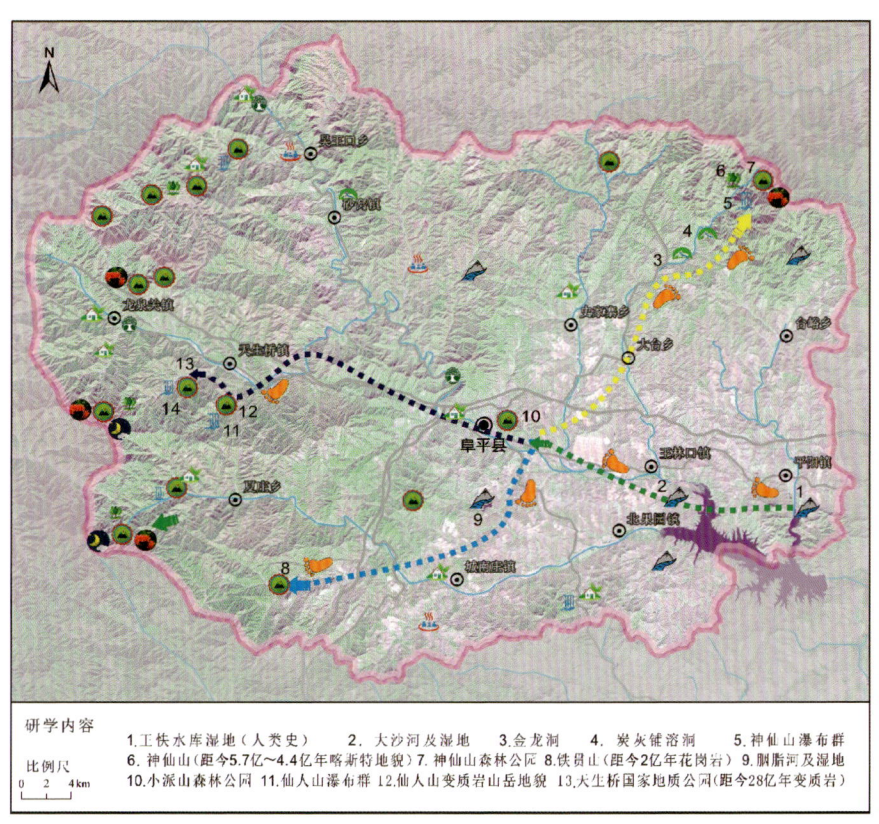

地质研学旅游精品路线图

天生桥国家地质公园新科普

拍摄人：王新峰

　　河北阜平天生桥带给人们"雄、巧、幻"三种不同感受，将自然界山水玄妙地组合在一起。在欣赏完阜平天生桥的壮美后，我们应知其形成过程及举世闻名的独特之韵，也就是天生桥是如何形成的以及其地质上的"三奇"，如整个天生桥发育在变质岩中，有多级台阶和多级瀑布，桥上和桥下是两种完全不同的景观等。

　　本章将从天生桥的三觉（雄、巧、幻）、三奇，天生桥的形成原理及各景观科普解说展开介绍，达到让人们走进地球，科学认识自然，了解地球早期演化奥秘的目的。

七大奇观：水奇、山奇、桥奇、林奇、洞奇、草奇、冰奇。
两个之最：中国北方最大瀑布群、中国最大的片麻岩天生桥。
两个国家级公园：国家地质公园、国家森林公园。
一个罕见：华北罕见的原始次生林。
地质的三觉三奇：雄、巧、幻；一奇、二奇、三奇。

天生桥的三觉三奇

天生桥瀑布一泻而下（阜平县文化广电和旅游局供图）

雄：宽广高大、几乎裸露的岩墙，高150m左右，宽200m以上。

巧：岩墙中间有拱形穿洞的天生桥，离地面100多米。洞在这堵岩墙的中间部分，桥下巨大的落差形成高达112.5m的瑶台瀑布。

幻：百余米落差的瀑布从天生桥下飞流而过，观瀑布，可以看到水流在光的作用下色彩、形态的变幻。

一奇：整个天生桥发育在变质岩中。当地原来的沉积岩在28亿年前发生强烈变质和混合岩化作用，形成混合岩化花岗岩（天生桥桥面）以及片麻岩（挤压褶皱破碎桥涵）两大类变质岩。

二奇：多级瀑布和多级台阶。九级瀑布代表了8个阶梯状的断裂面，说明此处经历了多次地壳运动。多级台阶岩性软硬相间，说明冰川活动在多级瀑布以及天生桥的形成过程中发挥了重要作用。

百丈瀑布（拍摄人：王新峰）

三奇：桥上和桥下是两种完全不同的景观。桥面坐落在112.5m瀑布顶面上，形成"桥上长树、桥下流水，桥前百丈深渊、桥后碧水一潭，桥上游人行走、桥下清水长流"的奇妙景观。桥上"静"，桥下"动"，桥前"飞流直下"（百丈瀑布），桥后"从容不迫"（碧水一潭），动静结合，张弛有度。

桥下流水（拍摄人：龚磊）

天生桥的奥秘

天生桥的桥面为混合岩化的花岗岩，桥洞周边是被挤压褶皱破碎的片麻岩。柔性较大的黑云母二长片麻岩及斜长角闪岩在褶皱运动中因受挤压而导致弯曲和破坏，同时上部坚硬的盖层也发生了混合岩化作用。经后期流水的侵蚀、冰蚀等作用，下部软弱的片麻岩碎块发生脱落或被冲走，只保留了上部混合岩化花岗岩，从而形成了现在的天生桥。

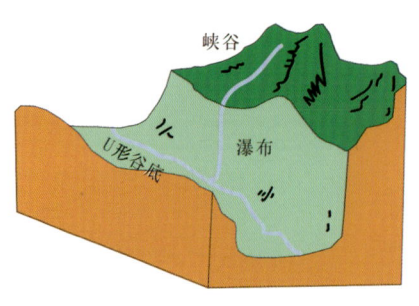 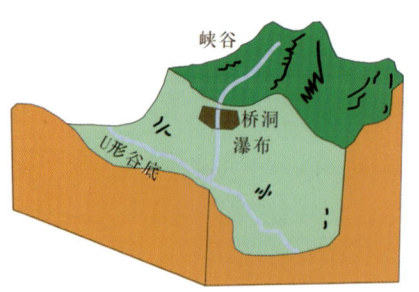

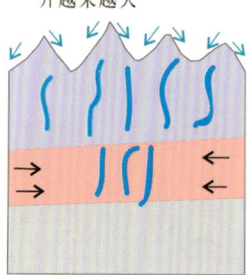 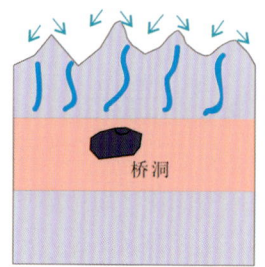 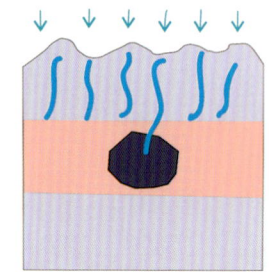

天生桥形成过程图

天生桥景点解析

天生桥国家地质公园岩石

　　天生桥国家地质公园岩石主要由阜平群变质岩组成,是一种在阜平县普遍存在的雪浪石。质地坚润,黑底白脉,纹理清晰。黑色纹理由黑云母、角闪石等暗色矿物组成,浅色纹理由石英、长石等浅色矿物组成,暗色矿物与浅色矿物相互交融,形成错综复杂的花纹,也易形成一些象形石。

石臼(拍摄人:宋绵)

雪浪石（拍摄人：宋绵）

天生桥瀑布

　　天生桥长27m，宽13m，高13m，是我国首次发现且规模最大的片麻岩天生桥，桥下悬崖高112.5m，瀑布飞流而下，犹如银龙腾翔，誉为太行第一瀑。

　　天生桥共有九级瀑布，从上之下依次为双龙瀑（九瀑）、天门瀑（八瀑）、琼浆瀑（七瀑）、望盔瀑（六瀑）、三叠瀑（五瀑）、马尾瀑（四瀑）、情侣瀑（三瀑）、银河瀑（二瀑）和天生桥大瀑布（一瀑）。

水月洞天八瀑山涧直下（图片来源于阜平文旅发布公众号）

天生桥大瀑布(一瀑)(拍摄人:龚磊)

银河瀑(二瀑)(拍摄人:龚磊)

4 天生桥国家地质公园新科普

情侣瀑(三瀑)(拍摄人:龚磊)

马尾瀑(四瀑)(拍摄人:龚磊)

三叠瀑(五瀑)(拍摄人:龚磊)

望盔瀑(六瀑)(拍摄人:龚磊)

琼浆瀑（七瀑）(拍摄人：龚磊)

天门瀑（八瀑）(拍摄人：龚磊)

双龙瀑(九瀑)(拍摄人:龚磊)

瀑布：从山壁上或河床突然降落的地方流下的水,远看好像挂着的白色绸带,在地质学上叫跌水,即河水在流经断层、凹陷等地区时垂直地从高空跌落的现象。

瀑布的形成过程

第一种也是最常见的一种情况是因岩石类型的差异而形成的瀑布。如果溪流从坚硬的岩石河床流向比较柔软的岩石河床,较软的岩石河床很可能被侵蚀得更快,并且两种岩石类型相接处的坡度更陡,当溪流改变方向并经过不同岩石河床间的相接处时,便会形成瀑布。第二种情况是水流在流动过程中遇到一堵墙,阻拦水流,造成跌水,从而形成瀑布。第三种情况是很久之前的冰川切入山谷中,使两侧形成悬崖峭壁,瀑布在峭壁上生成。

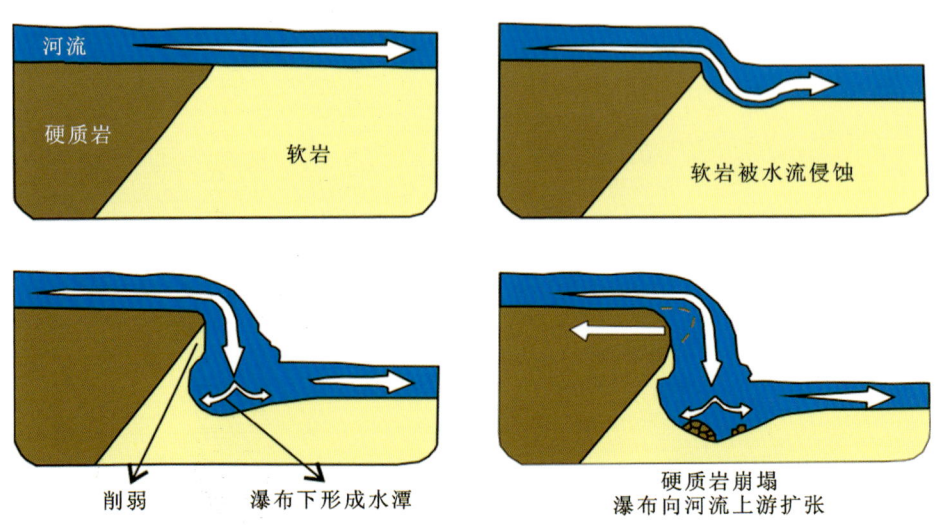

第一种情况瀑布形成示意图

知识拓展

瀑 布

世界上最著名的三大瀑布：尼亚加拉瀑布、维多利亚瀑布和伊瓜苏瀑布。

尼亚加拉瀑布（来源于百度百科）

维多利亚瀑布（来源于百度百科）

伊瓜苏瀑布(来源于百度百科)

中国著名的十大瀑布：贵州黄果树瀑布、贵州赤水瀑布、四川螺髻九十九里温泉瀑布、四川九寨沟树正瀑布、四川阿坝牟尼扎嘎瀑布、山东泰山黑龙潭瀑布、云南罗平九龙瀑布群、陕西黄河壶口瀑布、广西德天瀑布(跨国瀑布)、湖北宜昌三峡大瀑布。

黄果树瀑布(来源于百度百科)

四川螺髻九十九里温泉瀑布(来源于知乎@摆渡岛航)

玫瑰石

景区内我们可以见到一朵盛开的石玫瑰,中间为花蕊,外面被石头叶片层层包裹,是什么力量让这块岩石变成一朵盛开的玫瑰花?刚柔相成,万物乃形,这是因风化作用造成岩石不规则脱落而形成的独特地质景观。

玫瑰石标识牌

4 天生桥国家地质公园新科普

知识拓展 风化作用

自然界的岩石经常受到冷热的影响，内外冷热程度不一样，各部分的热胀冷缩也不一样，内部结构的变化使岩石产生裂缝，温度的变化是使岩石产生裂缝的一个原因。除了温度变化使岩石开裂破碎，还有哪些自然力量能够使岩石开裂破碎呢？水会结冰，结冰会膨胀，使岩石分裂崩解。植物、自然界中含有的酸性或者碱性的水，动物的粪便和尸体……也能够使岩石开裂破碎。综上所述，由于温度变化，水、空气、生物等外力的作用和影响，导致的地表或近地表的岩石的开裂就是风化作用。

风化作用（来源于耐乐落，tupian.hudong.com）

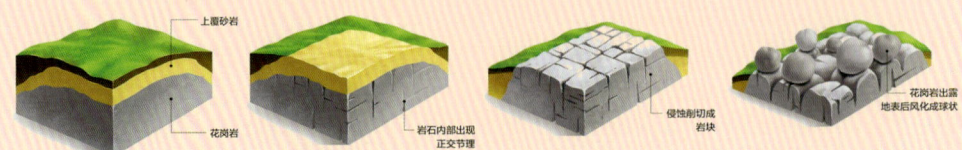

球状风化的形成过程（来源于中国国家地理）

石龟探海

石龟探海标识牌

地质解释：这个石龟会不会因一阵狂风而掉落呢？不会，它是因为上方石头的重心恰好位于下方石头的支点上实现了力的平衡而形成的，这在地质界称为风动石。

知识拓展 风动石和指动石

大自然巧妙构造了物质的平衡，我们经常听说的有风动石和指动石两种。

风动石多是位于山梁之上单独或叠起来的巨石，肉眼看上去这些石头似乎会随风而动，但它们却依靠一种奇妙的重力保持着平衡。

指动石是一种断裂残余现象，很久以前，指动石和周边的石头本是一块岩体，天长日久，随着风吹、日晒、雨淋，岩体断裂，经过长期风化作用形成了微妙的指动石形态。

"X"节理

"X"节理标识牌

地质解释

我们看到的瀑布群峡谷岩石的"X"裂缝在地质学上叫做节理。节理是岩石受力作用超过它能承受的强度极限时,在岩石中成群出现,但是没有发生肉眼可见移动的破裂。按照受力的不同,可以分为张节理和剪节理。张节理,是岩石受到拉张作用形成的裂缝,剪节理是岩石受到切应力沿着一断面裂开形成的。在相同条件下同时形成的两组相互交叉的节理,称为"X"节理(共轭节理),其裂缝一般呈现平行排列或雁行排列。

"X"节理(拍摄人:宋绵)

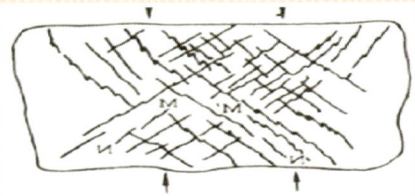

节理的形成(来源于金锄头文库)

揉皱

地质解译：矿石中的矿物受力后发生塑性变形，形成一种弯曲皱纹的结构，是褶皱的一种。

揉皱（拍摄人：王新峰）

知识拓展　牵引褶皱

断层上下盘的牵引褶皱很明显，是断层在错动过程中导致的岩层弯曲，称为牵引褶皱。

大型斜卧褶皱

牵引褶皱

（来源于搜狐地下水环境网）

石阶滚玉

地质形成过程:这些石阶是经过漫长的流水侵蚀形成的。起初,大气降水和冰雪融水留存在地表的水体向下沿着地表的自然斜坡流动,流速小、水层薄,形成坡面片流,没有固定流向,通常形成网状细流。当沟槽雏形出现时,形成了沟谷的原始形态,随着流水量的增加,冲刷能力的增强,片流向沟槽汇聚,转变为沟槽流水,有固定流向,久而久之,随着侵蚀的加深,形成如天阶般的流水。

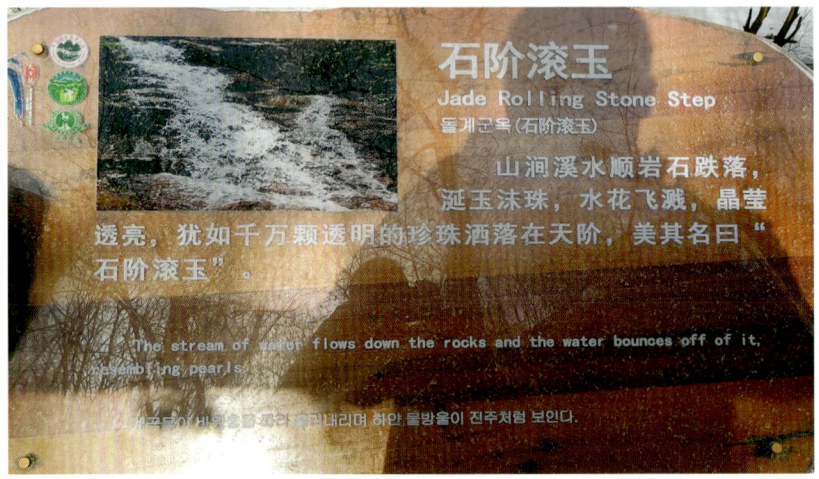

石阶滚玉标识牌

多级瀑布(来源于360图片)

脚印石

地质解释：当地的变质岩石是比较坚硬的，岩石常年被溪水冲刷，周边小块的岩石对它进行磨蚀，久而久之就形成了凹陷，再经过常年累月的剥蚀、风化，这个凹陷就越来越深，有的凹陷之间互相连通，就形成了脚印石。还有一种说法，脚印石是因冰川的剥蚀作用而形成的。

脚印石标识牌

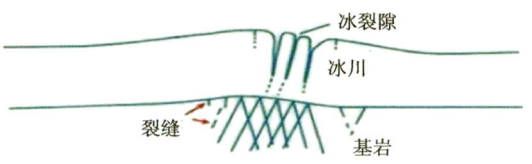

A.冰川前进中遇冰床基岩的突起，突起处有裂缝

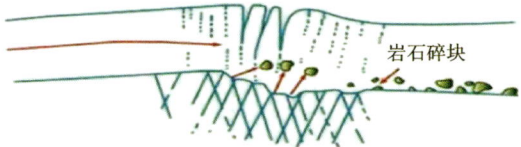

B.冰川将冰床突起处的基岩压碎掘起，掘起的岩块被冻结在冰川底部或边部被带走，并借此进一步磨蚀基岩表面

冰川的剥蚀作用（来源于谭老师地理工作室微信公众号）

鲤鱼饮水潭

地质解译：山上的溪流从上而下对地表产生一定的冲击，日积月累，经过化学侵蚀和外力侵蚀形成了天然的凹陷，加之长时间水的冲刷和浸泡导致下沉，最后形成了潭池。

鲤鱼饮水潭标识牌

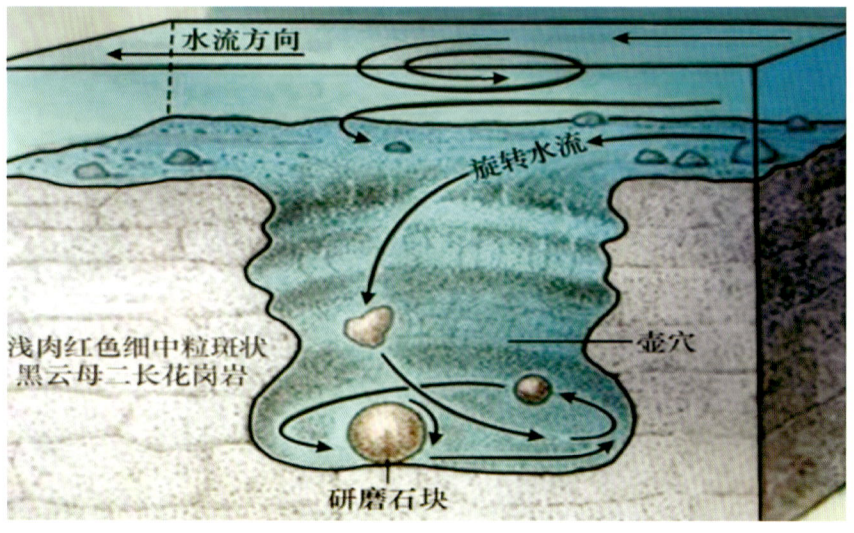

潭池的形成（来源于组卷网）

十面埋伏谷

十面埋伏谷（V形谷）：由于内外力的共同作用，天生桥景区的山谷多狭窄且弯曲，其间有涧溪流过，给人以深邃幽静的神秘之感。这种狭窄的山谷在地学上称为V形谷，侧面陡峭，从横截面看类似于字母"V"。它们由强大的溪流通过一种称为下切的过程切入岩石而形成。这些山谷形成于山区或高原地区，溪流处于"年轻"阶段。

十面埋伏谷标识牌

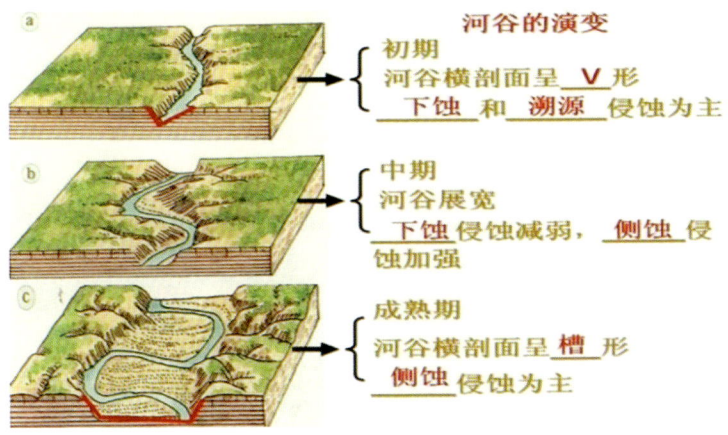

河谷的演变（来源于360图片）

五子登科

五子登科标识牌

地质解释：变质岩地貌，由于区内新太古代变质岩受到多次构造运动影响，节理和断裂构造极其发育，在风化作用下，形成了现今山峦横亘、沟壑纵横的地貌形态。

知识拓展 地貌类型

1894年，德国阿尔布雷希特·彭克将地貌分类划分为平原、山崖、河谷、山地、凹地、洞穴等类型。

1929年，苏联马尔科夫提出按地形发育的3个基本要素（形态、成因和年龄），划分出侵蚀-大地构造地形、构造地形、刻蚀或侵蚀地形、堆积地形等类型。

1958年，中国地貌学家沈玉昌按成因划分出构造地貌、侵蚀剥蚀的构造地貌、侵蚀地貌、堆积地貌、火山地貌5个类型。

蝴蝶石

蝴蝶石和手印石在地质学上称为局部象形石,一般是岩石形成后期受到变质等作用或细小岩脉沿岩石裂隙入侵形成了一种具有象形框架的岩石。象形石由色彩、硬度不同的成分所组成,或是因色彩差异导致岩石像某生物,或是因较坚硬部分突出而形成某种象形框架。

蝴蝶石标识牌

知识拓展

岩脉

岩脉,又称岩墙,一种分布较为普遍的脉状侵入体,在块状侵入岩体发育地区及岩体内部相对集中,成群成带分布,有些岩脉具有区域性分布的特点。

自然界中的岩脉(拍摄人：宋绵)

辉绿岩(来源于百度百科)

钠长石(来源于百度百科)

辉绿岩脉(拍摄人：宋绵)

钠长斑岩脉(拍摄人：宋绵)

大自然中的岩脉

卧蟾石

卧蟾石是一种整体象形石,奇石的整体外部轮廓造型似蟾蜍。岩石受内外力地质作用形成了裂隙,在构造、风化剥蚀、重力等作用下发生崩解,残留部分形成了象形山石。

卧蟾石标识牌

将军石

地质解释:将军石重2000t以上,其由于周边的软弱岩层被掏空,岩石发生崩塌,在重力搬运等作用下发生移动,在找到一个平衡点时停止,独自屹立于山涧之中而形成。严格意义上说它并不是因我们平时所说的"山崩地裂"似的崩塌而形成的。

将军石标识牌

知识拓展

危岩体

目前虽然还没有发生崩塌,但具备发生崩塌的主要条件,而且已出现崩塌前兆现象,在不久之后可能发生崩塌,这样的岩体称为危岩体。

危岩体受到振动或暴雨影响,可能从陡峭的山坡上坠落,有时刮大风也可能把不稳定的孤石吹落下来。在山中游玩一定要注意观察道路两侧的岩石。

地质灾害之崩塌:陡坡上的岩石或土体在重力作用下突然从高处快速崩落、滚动式翻转下来,并堆积在坡脚或沟谷中的现象。

危岩体（拍摄人：宋绵）

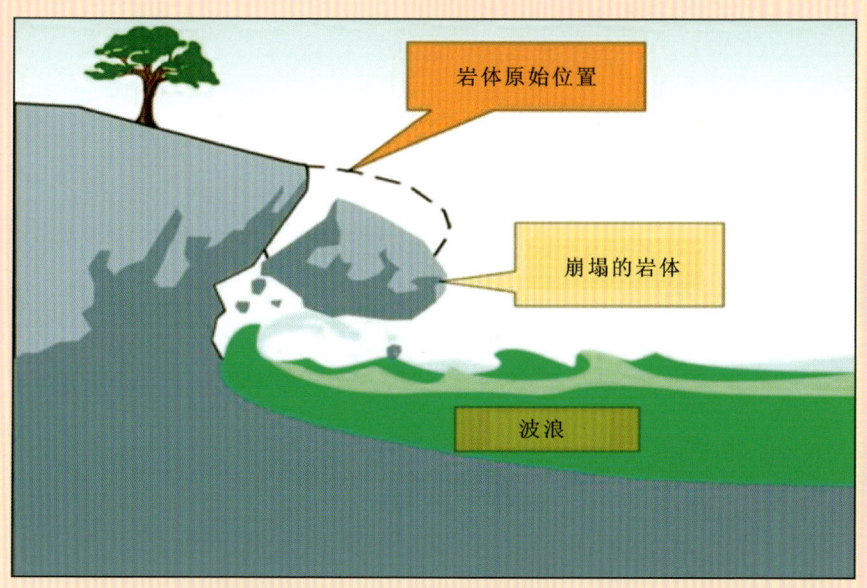

崩塌（来源于谭老师地理工作室微信公众号）

后　记

地层、岩性、构造、地貌等地质现象是一本充满奥秘与神奇的书，
它真实地记录了地球的前世今生。
以这些现象为钥匙，解密大自然奥秘之万一，
是一件多么有趣的事情！
都说石头会说话、会唱歌，
这需要会听的耳朵、懂的人翻译解说。
我们作为地质工作者，
通过这本小书尝试着进行解读，
希望能够引起你了解地质、探究自然的兴趣，
从"见山是山，见水是水"的层面进入到"见山不仅是山，见水何止是水"的新境界。

致 谢

感谢国家机关事务管理局阜平帮扶工作队,阜平县人民政府、阜平县文化广电和旅游局、阜平县自然资源和规划局等在项目实施期间给予的支持和帮助!感谢中国地质调查局地质环境监测院"全国重要地质遗迹调查"项目提供的素材。

说明:部分图片引自网络,未一一注明出处,若有侵权,请联系本书作者协商处理,特此感谢原作者。